Félix Lope de Vega y Carpio

David perseguido y montes de Gelboe

Barcelona **2024**
Linkgua-ediciones.com

Créditos

Título original: David perseguido y montes de Gelboe.

© 2024, Red ediciones S.L.

e-mail: info@red-ediciones.com

Diseño de cubierta: Michel Mallard.

ISBN tapa dura: 978-84-1126-158-6.
ISBN rústica: 978-84-9816-170-0.
ISBN ebook: 978-84-9897-700-4.

Sumario

Créditos _____ 4

Brevísima presentación _____ 7
   La vida _____ 7

Personajes _____ 8

Jornada primera _____ 9

Jornada segunda _____ 47

Jornada tercera _____ 87

Libros a la carta _____ 117

Brevísima presentación

La vida

Félix Lope de Vega y Carpio (Madrid, 1562-Madrid, 1635). España. Nació en una familia modesta, estudió con los jesuitas y no terminó la universidad en Alcalá de Henares, parece que por asuntos amorosos. Tras su ruptura con Elena Osorio (Filis en sus poemas), su gran amor de juventud, Lope escribió libelos contra la familia de ésta. Por ello fue procesado y desterrado en 1588, año en que se casó con Isabel de Urbina (Belisa). Pasó los dos primeros años en Valencia, y luego en Alba de Tormes, al servicio del duque de Alba. En 1594, tras fallecer su esposa y su hija, fue perdonado y volvió a Madrid.

Entonces era uno de los autores más populares y aclamados de la Corte. La desgracia marcó sus últimos años: Marta de Nevares una de sus últimas amantes quedó ciega en 1625, perdió la razón y murió en 1632. También murió su hijo Lope Félix. La soledad, el sufrimiento, la enfermedad, o los problemas económicos no le impidieron escribir.

Personajes

David
Jonatás
Abner
Saúl, rey
Naval Carmelo
Abigail
Merob
Abisaí
Céfora
Zaqueo
Vejete
Zafain
Músicos

Jornada primera

(Salen Zaqueo y el Vejete, cada uno por su parte. Tocan dentro música, y clarines a la otra parte.)

Vejete   ¡Ah, gentil hombre!

Zaqueo   Eso es,
llamarme gentil a mí,
y yo judío nací
de la cabeza a los pies.

Vejete   ¿Y de qué tribu es, amigo,
si admite conversación?

Zaqueo   Mi tribu es tribulación
en riñendo alguien conmigo.

Vejete   Pues díganos sin reñir.

Zaqueo   Cosa es que me está muy bien.

Vejete   ¿Quién causa en Jerusalén
las fiestas que llego a oír?

Zaqueo   Sin duda eres peregrino,
pues la causa me preguntas
de haber tantas fiestas juntas.

Vejete   Vengo ahora de camino.

Zaqueo   Y vendrás muy bien cansado.

Vejete   Y vengo muy bien curioso.

Zaqueo	El vejezuelo es gracioso:
	déjasme muy obligado
	   a darte una relación,
	pues mereces preguntar;
	aunque esto del informar
	nunca es bueno de ramplón;
	   es David, por gran ventura,
	quien causa estas alegrías.

Vejete	¿No es el que mató a Golías?

Zaqueo	Oigan, que sabe escritura:
	   viene ahora vencedor
	de idólatras filisteos,
	y así todos los hebreos,
	y yo con ser el peor,
	   que le hemos hecho, verás,
	mil honras por esta hazaña;
	el rey Saúl le acompaña,
	y el príncipe Jonatás
	   con su corte, y las más bellas
	damas de Jerusalén,
	pues le acompañan también
	más de ochenta mil doncellas.

Vejete	¡Muchas son!
Zaqueo	Pues no te asombres, aunque admirarte podías, porque como son judías, tiénenles miedo a los hombres. Ya a Palacio hemos llegado, y verás la fiesta bien.

(Música.)

Vejete   Pues vine a Jerusalén
en día tan celebrado,
que no me vuelva es razón
a nuestro Monte Carmelo,
sin ver al que guarda el cielo
para gloria de Sión.

(Salen Merob, hija del rey, Jonatás, el rey Saúl de barba, David y las mujeres echando flores y cantando la música.)

(Música.)   Si Saúl triunfó de mil,
de diez mil triunfó David:
del tribu escogido
de Judá salió
David, que libró
al pueblo afligido:
pues ha merecido
sagrado laurel,
cántele Israel
la gala a David:
si Saúl triunfó de mil,
David mató a diez mil.

Saúl   La aclamación popular,
en sus alabanzas ciega,
a tan grande extremo llega,
que aun yo la vengo a envidiar.
(Aparte.)   (¿Victorias pudo alcanzar
de los que yo no vencí?
El pueblo lo canta así;
y aunque en mi servicio ha sido,

11

la envidia de que ha vencido
es la que me vence a mí.)

David
    No es esta victoria mía,
señor: el alma lo entiende,
no es la espada la que ofende;
sino el brazo que la guía:
el vuestro es el que vencía;
de vos procedió mi aliento;
porque el idólatra atento,
acabe de conocer,
que Dios le pudo vencer
con tan humilde instrumento.

Jonatás
¿David?

David
       Jonatás, señor,
Príncipe a quien dan los cielos
las dichas que has merecido;
por hechura me confieso
del rey mi señor, que viva,
aunque eres tú su heredero,
tan larga edad, que Israel
te dé la corona y cetro
de más edad que tu padre:
porque él gobierne su pueblo,
contando en los años siglos
coronado de trofeos.

Jonatás
Alcánceme a mí la muerte
primero que deje el reino
mi padre; y tú, más famoso
que cuantos caudillos dieron
triunfos al pueblo de Dios,

dilate a par de los tiempos
tu dichosa edad, y veas,
por bien de los siglos nuestros,
que tu nombre se eterniza,
no en bronces, que se mintieron
firmes en la última línea
de los humanos sucesos;
no en mármoles, que caducan
con los resabios de térreos
en la rebelde tarea
de los días: en los cielos
mire el Sol tu nombre escrito,
siendo caracteres bellos
esas imágenes puras
que diamantes compusieron;
porque lo eterno y luciente
sirva a su fama de espejo.
Ya sabes que soy tu amigo,
David, y siempre he de serlo
con fe inviolable, hasta que
se cubra en mortales velos
la vida.

Saúl (Aparte.)   (Si no lo estorban
las venganzas que prevengo;
que si David no me ofende;
de sus victorias me ofendo,
que mezcladas con la envidia,
las juzga el alma venenos.)

David   Si faltare a la lealtad,
que al rey mi señor le debo,
si al amor con que me estimas
negare humildes respetos,

permita el Dios de Abraham,
que de los bárbaros hierros
de los mismos que he vencido
muera atravesado el pecho,
y el campo en mi sangre tinto
me dé infeliz monumento.

Saúl   Lo que mereces conozco,
y lo mucho que te debo.

Jonatás   Pues, señor, dale a Merob
mi hermana, pues la ofrecieron
tus promesas cuando estaba
tu corona en tanto riesgo,
y por David se confiesa
libre de opresión tu Imperio.

Merob (Aparte.)   (No seré yo tan feliz,
que le merezca por dueño.)

Saúl   Yo la prometí, es verdad;
mas, Jonatás, aún no es tiempo.

Jonatás   Si es que por ser la mayor
te excusas, humildes ruegos
puedan contigo: Micol,
mi segunda hermana, es premio
de los triunfos de David.

Saúl   Yo cumpliré sus deseos:
y ahora, Príncipe, basta
ver las honras que le he hecho.
Ya es capitán de mi guardia;
ya, como ves, le prefiero

a los Príncipes mayores
de mi corte, pues yo mesmo,
para que el pueblo le aclame
con festivos instrumentos,
le he salido a recibir.

David   Gran señor, tus plantas beso
por las honras que recibo.

Zaqueo   Si faltan las de Zaqueo,
las del pueblo importa un higo.
Ya sabes que me entretengo
sirviendo al rey en Palacio,
siendo mis chistes honestos,
porque la descompostura,
ni es donaire, ni es ingenio.

(Clarín. Sale Abisaí.)

Abisaí   Tu Capitán general
Abner, Príncipe supremo
de la Milicia, ha venido.

Saúl   Llegue; que verle deseo.

Vejete   Pues hemos visto la fiesta,
no es bien que perdamos tiempo,
ya que mi ama Abigail
se ha detenido, creyendo
llegar temprano.

(Vase, y sale Abner.)

Abner   Señor,

pues las honras que le has hecho
a David, sus glorias cantan,
solo te diré, que habiendo
marchado en socorro suyo
con los caballos ligeros,
llegué a las frescas orillas
del Jordán, cuyos revueltos
cristales habían trocado
en púrpura sus espejos;
y entre la manchada hierba
de su margen, tantos cuerpos,
que a ser todo sangre el río,
aun fuera el número menos.
Mas como en ellos se vían
heridas de tantos hierros,
eran de su misma sangre
vivas esponjas los muertos.
El socorro que llevaba,
vino a ser socorro nuestro,
pues dejó a mi gente rica
con lo que olvidaban ellos.
Solo David, solo él pudo
meter en batalla el riesgo,
y de ella sacó en despojos
la gloria del vencimiento;
que no ha habido capitán
de cuanto caudillo hebreo
triunfó en el pueblo de Dios,
aunque es la envidia su opuesto,
que igualar pueda a David,
asombro del Filisteo,
rayo del Amalecita,
como idólatra soberbio;
firme blasón de tus armas,

claro esplendor de tu Imperio,
fama inmortal de tu nombre,
pues deja tu nombre impreso
en láminas de los siglos
hasta que se pare el tiempo.

Saúl   De todo es merecedor,
        hasta Abner le aclama: iah, cielos!

(Aparte.)   (Ya es más dueño de Israel
        que yo, pues que yo le temo.
        David, entra a descansar,
        pues por honrarte, prevengo
        aposento en mi Palacio.)

David   Te iré primero sirviendo
        hasta dejarte en tu cuarto.

Saúl   Este es mi gusto.

David   Más precio
        la obediencia, que alcanzar
        de un rey los mayores premios.

Jonatás   ¡Qué valeroso!

Abner   ¡Qué humilde!
        En él juntaron los cielos,
        para ser amable al mundo,
        lo bizarro y lo modesto.

David   Entra, Abisaí.

Abisaí   Señor,
        como mandas te obedezco.

Merob	Guarden los cielos su vida al paso de mis deseos.
Zaqueo	Yo le quiero acompañar, que me dará por lo menos, pues ya que no le aprovecha, la honda del Filisteo.

(Cantan.)

(Vanse Merob y las mujeres por una parte, David, Abisaí y Zaqueo por otra, haciendo reverencia al rey, y quedan el rey, Jonatás y Abner.)

Saúl (Aparte.)	(¡Qué monstruo cría Israel para infame vituperio de la corona que ciño! Ya está reventando el fuego, pues desde el pecho a los labios soy todo un mortal incendio. ¿Jonatás?)
Jonatás	Señor, ¿qué mandas?
Abner	Si me das licencia, quiero...
Saúl	Espera, porque has de ser, con valor y con secreto, obediente ejecutor de mi justo mandamiento. Príncipe, la obligación de ser tu padre, te quiero presentar para testigo de tu amor.

Jonatás	Y que te debo lo que soy.
Saúl	¿Qué harás por mí?
Jonatás	Perder la vida es lo menos.
Saúl	¿Y desearás que tu padre se libre del grave peso de un cuidado?
Jonatás	Todo es poco cuanto descubren los cielos para que vivas con gusto, si está en mi mano el tenerlo.
Saúl	Pues yo, Jonatás, de todo humano gusto carezco.
Abner	¡Hay suspensión semejante! Alguna desdicha temo.
Saúl	Aquel profeta de Dios, Samuel, me dijo severo: «Si Dios te mandó por mí que al rey de Amalec, soberbio, con su reino destruyeras, sin dejarle en todo el reino piedra que cubrir pudiese los más humildes cimientos, ¿cómo al rey dejaste vivo? ¿Cómo con tan vil provecho reservaste sus ganados?

Pues porque fuiste a los cielos
inobediente, te digo
que Dios le dará a su pueblo
un rey, y varón tan justo,
que venga a ser, en sus hechos,
muy conforme al corazón
de Dios.» Turbado y resuelto,
detener quise al profeta,
si bien con poco respeto,
pues al cogerle del manto
le rompí por detenerlo,
quedándoseme un pedazo
en las manos; aun hoy tiemblo
de lo que el profeta dijo,
dejando al aire suspenso:
«Como tú me has dividido
el manto, quiere el eterno
Dios de Abraham dividir,
ingrato Saúl, tu reino.»

Abner (Aparte.)   (Y desde entonces el rey
siente el espíritu fiero
que le atormenta, y David
le restituye el sosiego,
cuando en sus melancolías
toca el músico instrumento.
Aquí hay misterios profundos,
mas son altos los misterios,
que no puede penetrarlos
el querubín más atento.)

Saúl   Pues tú no has de ser el rey,
aunque eres tú mi heredero,
Jonatás, que el varón justo

que dice el profeta, temo
que es David; ¿pues tú tendrás
tan cobarde sufrimiento,
siendo la corona tuya,
que un pastor (estoy ajeno
de todo discurso), un hombre
que si vive es por mi aliento,
si vive honrado es por mí,
y por mí le aclama el pueblo,
¿permitirás que sea rey,
sin que te cueste primero
la vida, y también la mía?
Porque en tus ojos me alegro,
en tu vista me regalo,
y en tu salud me deleito.

(Abrázanse.)

Jonatás   ¿Pues qué puedo hacer, señor?
Ya su voz estoy temiendo.

Saúl   Darle muerte a David.

Abner   ¡Hubo más feroz intento!

Jonatás   ¡Cielos, es esto posible!
¿Cómo yo escucharle puedo
sin morir de pena?

Saúl   Hijo,
¿mi voz te deja suspenso?
¿Obedecerme no es
en ti doblado el precepto
por tu padre y por tu rey?

Jonatás	Y si es cruel mandamiento,
	¿no será piedad también
	templar su injusto deseo?
	No ultrajes la Majestad
	con tiranías; si el Cielo
	quiere que reine David,
	el poder humano es sueño,
	es polvo, es ceniza fría
	para estorbar sus decretos.
Abner	Si a un hombre que caminase
	por un áspero desierto,
	y en la juventud del Sol
	se le turbasen los cielos,
	muertas sus cambiantes luces
	entre pabellones negros,
	tocando al arma el asombro,
	siendo las cajas los truenos,
	formando rasgadas nubes
	campal batalla en el viento,
	y viese entre ardientes globos
	los abrasados efectos
	de los coronados montes
	caducamente soberbios,
	en cada peñasco un rayo,
	en cada tronco un incendio,
	y en el desierto que pisa
	tan sin humano remedio
	hallase un cedro oloroso,
	que invencible a tanto fuego
	supliese lo seguro
	del laurel, en cuyo ameno
	sitio a la sombra dichosa

se librase a tanto riesgo,
¿fuera bien que el hospedaje,
dándole la vida el cedro,
que se lo pagara ingrato,
después de sereno el cielo,
cortándole tronco y ramas
con tan lastimoso ejemplo?

Saúl
¡Vive el cielo, que mereces
mortal castigo, por necio,
pues lo inobediente encubres
con máscara de consejo!

Abner
¡Gran señor!

Jonatás
    Con su lealtad
disculpa su atrevimiento.

Saúl
Pues ya los dos os mostráis
a mi gusto tan opuestos,
lícito será que un rey,
sin que padezca defecto
su autoridad, mate él mismo
a un enemigo encubierto.
Quedaos; que mi justo enojo
llega ya hasta aborreceros.

(Vase.)

Abner
Príncipe.

Jonatás
Acompaña al rey...

Abner
Si mandó...

Jonatás	Pierde el recelo,
	que la lealtad es más noble
	para vencer el precepto
	de su enojo en la obediencia.
Abner	Guarden la vida los cielos
	a David, y yo peligre
	en lo terrible y lo fiero
	de las iras de tu padre.
Jonatás	Y yo, aunque aventure el reino,
	le he de avisar que se guarde;
	que pues los cielos le han hecho
	tan dichoso, quiero ser
	el generoso instrumento
	de los decretos divinos,
	si tan alto bien merezco.

(Vase cada uno por su parte.)

(Salen Abigail, Céfora, de villanas, y Zaqueo.)

Abigail	Esta es Jerusalén, este el dichoso
	Alcázar de Sión, albergue hermoso
	de tantos reyes; ioh ciudad bendita,
	en los cielos escrita
	con plumas de profetas!
	El Cielo admire a tu poder sujetas
	las provincias idólatras, que en tanto
	que con respeto santo
	en sagrados altares
	al Dios de los Ejércitos llamares,
	así lo dicen tantas profecías,

cantarás alegrías,
reinando vencedora.

Céfora   Abigail, señora,
los triunfos de David, las glorias cantan
de Israel, que levantan
a los cielos su nombre soberano.

Zaqueo   ¿Quién trajo a los palacios lo villano?
Pero bien puede ser tanta hermosura
dueño de otra mejor arquitectura;
el Palacio del Sol es un pobrete;
si no os da de aposento su retrete;
mas bien sabe su cuento,
que si os diera aposento,
la luz perdiera, que los cielos dora,
y la una fuera el Sol, la otra la Aurora.
Mas yo, por no abrasarme,
quisiera acomodarme
con los rayos menores,
porque son los templados los mejores;
y así, por más humildes arcaduces,
me acomodo a la Aurora entre dos luces.

Céfora   ¡Qué mal humor que gasta!

Zaqueo   ¿Es malo?

Céfora   Es frío.

Zaqueo   Pues deme uno caliente, y tome el mío.
¿Qué buscáis, serranitas?

Abigail   Ver queremos

el Palacio Real, ya que tenemos
franca licencia en tan alegre día.

Zaqueo   Falta en esa licencia...

Céfora   ¿Qué?

Zaqueo   La mía;
si bien a luz tan pura
mal se resiste la mayor clausura.
Yo soy el Cancerbero de esas puertas,
y las tendréis abiertas
a fe de buen judío;
y si queréis que os abra el pecho mío,
por dejaros a entrambas obligadas,
me daré dos lanzadas.

Céfora   ¡Qué terrible fineza!

Zaqueo   Todo es poco;
si me enamoro, préciome de loco.

Céfora   ¿Y cuántas se habrá dado en esta vida?

Zaqueo   Una lanzada tengo prometida
a cierta judihuela,
que por verme difunto se desvela;
pero yo, por no errarme en el ensayo,
quiero informarme donde cae el soslayo.

Céfora   ¡Qué poco miedo tiene!

Zaqueo   ¡Bueno fuera
que en los soldados como yo lo hubiera!

¿No tienen ya noticia de Golías,
que nos libró de tantas agonías?

Abigail   Y que fue una victoria celebrada.

Zaqueo   ¿Supieron que murió de una pedrada
en el feroz combate,
y luego le cortaron el gaznate?

Abigail   Grande ignorancia el no saberlo fuera.

Zaqueo   Pues yo no lo maté, ni Dios lo quiera.

Abigail   ¿Cómo, si fue David?

Zaqueo   Por eso digo;
porque soy enemigo
de que me achaquen muertes que no he hecho;
pero el valor del pecho,
con una envidia honrosa
me sacó a la campaña polvorosa;
llamé a batalla a un bárbaro gigante;
y púsoseme delante
esgrimiendo un alfanje de cien varas.

Abigail   Fuerza es que peligraras
aunque estuvieras lejos.

Zaqueo   ¡Lindo cuento!
No le alcanzaba yo con otras ciento.

Abigail   Alientos son bizarros.

Zaqueo   Escogí de un arroyo cien guijarros,

que pesaba el menor arroba y media.

Céfora   ¡Qué pesada tragedia!
Muy grandes piedras son.

Zaqueo   Bien lo imaginas,
¿pues a un gigante han de tiralle chinas?
Esas son las victorias más honradas:
tiréle mil pedradas
con dichosa fortuna,
pero de todas no acerté ninguna;
y aquesto lo dirán dos mil testigos.

Céfora   ¿Y en qué paró?

Zaqueo   Hiciéronnos amigos.

Céfora   Igual fue la victoria.

Zaqueo   Ten memoria:
el escaparme yo, fue la victoria.
¿Y de qué tierra viene tanto cielo?

Abigail   En el Monte Carmelo
es nuestra habitación, en cuyas faldas,
en cada Abril vestidas de esmeraldas,
tiene Naval, mi esposo,
esquilmo tan copioso
de ganados y mieses,
que parecen los meses
negarle su estación a otro horizonte,
viviendo todo el año en nuestro Monte.

Céfora   Mas viene a ser tu esposo tan escaso,

que en viendo a la piedad la cierra el paso;
tan miserable al desfrutar la tierra,
que aun los rayos del Sol también encierra.

Zaqueo   ¿Naval se llama? Linda desposada;
¿con batalla Naval estáis casada?
Y si sois liberal, y él avariento,
todo el año andará Naval sangriento:
retiraos, porque el Príncipe ha salido.

Abigail   Pues ya que hemos venido,
veremos a David, pues nuestra suerte
nos trajo tarde, cuando el mundo advierte
públicas alegrías,
que en cuanto dure el Sol, formando días,
vivirá su memoria
en los anales de la Sacra Historia.

Zaqueo   No faltará ocasión.

Abigail   Fuera esperamos.

(Vase.)

Zaqueo   ¿Y en qué altura quedamos,
                Villanica del Monte?

(Detiene a Céfora.)

Céfora   Yo en mi altura.

Zaqueo   Y si fuese tan gruesa mi ventura,
que llegase a tu Monte de esmeraldas,
¿no te podré yo hablar desde las faldas?

Céfora	No escucho yo tan lejos.

(Vase.)

Zaqueo	Sea por señas, besando troncos y adorando peñas. La morenilla es alma de un pimiento, y puede revocar un testamento aunque esté el otorgante en aquel punto dando mil alegrones de difunto.

(Sale Jonatás.)

Jonatás	Llama a David, Zaqueo.

Zaqueo	Mas presto le traeré que tu deseo.

(Vase.)

Jonatás	¡Suerte infeliz la mía! Eclipsóse la luz, turbóse el día, cuando la parda nube sobre los hombros de los vientos sube, y al Sol empaña crespa, y licenciosa, los rayos puros de su frente hermosa: no tiene culpa el Sol, porque es ajena la sombra oscura de amenazas llena; pero que el mismo Sol cause desmayos a la hermosa pureza de sus rayos, y las nubes engendre helado y frío, para negarse al monte, al valle, al río: obstinada invención de otro Faetonte, pues pierde el valle lo que llora el monte:

el rey, el Sol del mundo. ¿quién creyera
que la tirana envidia eclipse fuera
del luciente esplendor de su albedrío,
dejando oscuro el monte y seco el río?

(Salen David y Zaqueo.)

David   ¿Qué me mandas, señor?

Jonatás   Salte allá fuera.

Zaqueo   Obedezco en la uña.

(Vase.)

Jonatás (Aparte.)   (¡Oh, quién pudiera!
                 Con riesgos de su vida...)

David (Aparte.)   (Con la color perdida,
                 y turbada la voz, hablarme intenta.)
                 Si merezco, señor, que me des cuenta
                 de la pasión que turba tus sentidos...

Jonatás   Tienen, David, oídos
                 el viento y las paredes, y mi aliento
                 tiembla de las paredes y del viento.

David   Muy bien puedes hablar; que ellas son mudas
                 y escucharán leales.

Jonatás   Con más dudas
                 estoy para temellas,
                 porque habla el viento lo que escuchan ellas.

David	Pues el Palacio deja.

Jonatás

¿No adviertes que conmigo ha de ir la queja
para mover los cielos,
y en tan duros desvelos
estará, aunque sin voces la despida,
el eco en asechanzas de homicida?

David

¿De quién sabré tu pena?

Jonatás

De mi pecho,
con un abrazo estrecho;
llégate a mí, David, porque quisiera,
que el alma de mi pecho se infundiera
en el tuyo, de modo,
que lo que temo lo supieras todo;
y al volverse después que te informara,
de cuanto te dijera se olvidara.
Matarte quiere el rey.

(Abrázanse.)

David

¡Qué escucho, cielos!

Jonatás

Llegarán a desdichas tus recelos
si en consultas los pones, porque llega
a ver la envidia más, cuanto más ciega.

David

¿Pues yo qué puedo hacer?

Jonatás

Librarte.

David

¿A dónde?

Jonatás	Donde el cielo te guíe.
David	No se esconde de las iras del rey átomo breve del mismo Sol, porque en el Sol se embebe huyendo de su furia.
Jonatás	Al cielo haces injuria si no guardas la vida.
David	Porque es de tus alientos defendida la procuro guardar.
Jonatás	Líbrete el Cielo.
David	¿En qué he ofendido al rey?
Jonatás	Ese desvelo no suspenda tu prisa.
David	En tus voces me avisa nuestro Dios de Abraham.
Jonatás	Él te defienda.
David	Y muera yo cuando a mi rey ofenda.

(Sale Abner por la parte que se quiere ir David.)

Abner	David, en tu busca vengo.
David	Abner, ¿vienes a matarme por orden del rey?

Jonatás	No fueras
	de la ilustre y noble sangre
	del tribu de Benjamín,
	si turbaras las piedades
	que en defensa de David
	conmigo comunicaste.
Abner	Antes, señor, he venido
	a que la piedad, si cabe
	en el pecho de David,
	quiera mostrarla: tu padre
	ha vuelto a sentir ahora
	aquella furia indomable
	de aquel espíritu fiero
	que le atormenta; pues sabes,
	gran capitán de Israel,
	el remedio saludable
	que Dios puso en tu instrumento,
	ven ante el rey a tocarle,
	porque sus penas se templen,
	porque su dolor se aplaque.
Jonatás	David, mi padre es el rey;
	ven, por Dios, a remediarle.
David	Si tú me has dicho ¡oh señor!
	que determináis guardarme,
	¿cómo, cuando os obedezco,
	me fatigáis con el lance
	más apretado y terrible
	que ha visto en nuestras edades
	el Sol? Si excuso el remedio,
	dejo en sus ansias mortales
	al rey mi señor que viva,

al paso que le acompañe
mi lealtad, que será eterna.
Pues si me pongo delante,
corre mi vida los riesgos
que sabéis, y soy culpable
si aguardo: señor, ¿qué haré?
Porque no sé aconsejarme
en dos extremos opuestos
de peligros y piedades.

Abner   ¿Qué te aconsejas, David?
La vida del rey no aguarde
tan mortales dilaciones;
que si el peligro llegare
de tu ofensa, por los cielos
te juro que no se escape
la vida que me sustenta,
y muera a manos infames
de un cobarde filisteo,
David, si no te guardare.

Jonatás   Promesas son bien seguras,
y está en ellas de mi parte
mi palabra y mi amistad.

David   Baste ya, Príncipe, baste;
basta ya, Abner, dos empeños
para mi abono tan grandes.
Viva mi rey en mi riesgo;
en mí su dolor descanse;
porque es de vasallo infiel,
cuando tiene de su parte
remedios que el rey le pide,
con temores excusarse,

aunque la muerte que teme
en su vista le amenace.

(Vanse.)

(Sale Saúl.)

Saúl   Dejadme todos, que el fiero
dolor que en mi pecho vive,
ningún consuelo recibe;
que solo la muerte espero.

(Siéntase sin reposar, y sale Merob.)

Merob   Señor, si pena tan grave
es de tu sentido ajena,
parte conmigo tu pena,
si es que en tu pecho no cabe;
será la muerte suave,
aunque yo llegue a morir;
mi alma viene a pedir,
que si la tienes amor,
la pongas junto al dolor,
te lo ayudará a sentir.
Dos almas en compañía
el dolor vendrá a temellas,
y pues no ha de conocellas,
podrá pasarse a la mía;
y si en la mortal porfía
de afligir y de matar,
el dolor llega a dudar
cuál alma le está mejor,
entre tanto tu dolor
te dejará descansar.

Saúl	¿No has visto soberbio un río,
	que el vecino campo anega,
(Levántanse.)	y a quien el paso le niega
	muestra más furioso el brío?
	La presa es un desvarío,
	aunque su corriente ignore;
	antes, porque sienta y llore
	el dueño tan loca empresa,
	viene a pagarlo la presa,
	sin que el campo se mejore.
	No hay alma que no destruya
	mi dolor con tal porfía;
	que el que revienta en la mía,
	pasará a anegar la tuya.
	Mejor es que en mí se incluya
	dolor que en mí se engendró:
	tu amor el discurso erró
	en quererle detener,
	si la presa ha de romper
	quedando anegado yo.
	Ya siento otra vez ¡oh cielos!
	repetida la inclemencia
	del dolor: ya no es capaz
	a tan poderosa fuerza
	toda un alma, que parece
	su hermosura descompuesta,
	que lo mortal la apadrina
	en caduco polvo envuelta.
Merob	Señor, advierte...
Saúl	Si quieres
	que yo también te aborrezca,

asiste a las furias mías,
pues yo me aborrezco en ellas.
Déjame, que el ver que todos
sin padecer me consuelan,
dilata más mi dolor,
por ver que no hay quien lo sienta.

Merob

¡Oh, cuánto tarda David,
pues minutos de su ausencia
en lo sensible señalan
horas al dolor eternas!

(Vase.)

Saúl

Si el cuerpo ayuda a sentir
tan inmortales violencias,
niéguese, pues es caduco
a jurisdicción ajena;
ocupe en sensible polvo,
pues se compone de tierra,
y no por pintarse eterno
entre a la parte en las penas;
sino es que piadoso quiere,
como tanto me atormentan,
que las penas se repartan,
aunque él participe de ellas.

(Salen Jonatás, Abner y David.)

Abner

Señor, aquí está David.

Saúl

¡Cuanto el nombre me consuela!
Es basilisco su vista,
que sin matar me atormenta.

Abner	Pues sin verle te dará el remedio que te niegas. Ya ves lo que dice el rey: esos canceles le prestan tregua a su enojo: no dudes, que cuando libre le veas has de volver a su gracia.
David	Vuelva a su quietud primera, aunque en su desgracia viva.

(Vase.)

Saúl	Tu bárbara inobediencia ha encendido más mi furia.
Jonatás	Justo es que yo te obedezca; pero en matar a David...

(Tocan arpa.)

Saúl	Déjame, si no es que intentas con tu muerte...
Jonatás	Vive tú, aunque yo tu reino pierda.

(Vase.)

(Vuelve el rey a alentarse, y tocan dentro el arpa.)

Saúl	¡Que a penas tan inmortales conceda lo humano treguas

con tan descansado alivio!
¡Que las alternadas cuerdas
de este instrumento suave
arrebaten la violencia
del dolor, y que lo arrojen
donde su memoria pierda!
¿Qué misterio es este, cielos,
si el instrumento que suena
trae la quietud que gozo?
¿Por qué mis rebeldes penas
no se han rendido jamás
a otras voces ni otras cuerdas?
¿Si está el misterio en David,
pues le señala el Profeta
por varón justo? En mis dudas
tan libre el alma sosiega,
que aun para pensar cuál es
de entrambos el que me templa,
le falta discurso al alma,
tan sosegada, suspensa,
que por trabajo despide
el uso de las potencias.

(Vuelven a tocar, y sale Zaqueo.)

Zaqueo   ¡Hay sosiego semejante!
                  ¿Si duerme? Mas que se duerma
                  en las pajas de la arpa,
                  si son las pajas las cuerdas.
                  Demonio regocijado
                  tiene el rey, no lo creyera
                  aunque me lo asegurasen
                  cuantos cursan las tinieblas.
                  Si ya no es que este demonio,

cuando se perdió en la guerra
que con los ángeles tuvo
(¡qué mal que le fue en la feria!),
era música de arpa,
y como cayó de priesa,
aún le dieron lugar
para traérsela a cuestas.
Dejóse la arpa arriba,
y quiere que le entretenga
David a costa del rey;
mas por si acaso le deja,
y le ha parecido bien,
¿qué música será buena
que la toquen a un demonio
baladí, que se contenta
con el alma de un bufón,
que entristece cuanto alegra?
Por Dios que es muy buena gaita,
que es música de taberna,
y nos holgaremos ambos
cuando toque y cuando beba.

Saúl   ¿Qué ilusión es esta, cielos,
              que estoy viendo?
                        ¿El rey despierta?

Zaqueo   Pues a mi gaita me acojo,
              que los demonios la templan.

(Vase.)

(Levántase el rey.)

Saúl   ¿David es rey de Israel?

Primero a mis manos muera.

(Aparece arriba David con manto y corona, y el arpa a los pies, como le pintan.)

Saúl   ¿Si sueña la fantasía?
                        Su imagen me representan
                        los ya turbados sentidos:
                        púrpura y corona muestran
                        su ambición en mis agravios,
                        sea soñada quimera
                        que fabrican mis temores,
                        o el alma juzgue evidencias:
                        morirá ahora a mis manos,
                        pues la obediencia me niegan
                        Jonatás y Abner: ¡Ah cuantas
                        veces blandiendo la diestra

(Llega al vestuario, y toma una lanza.)

                        esta lanza, me temblaron
                        las escuadras filisteas!
                        No es mucho que a mi enemigo
                        le pase el pecho con ella.

(Al levantar la lanza se cubre la apariencia.)

                        Desvanecióse la sombra
                        que me turba, y que me ciega
                        ¿David? ¿Dónde está David?
                        Si es que coronarte piensas
                        con mi muerte, ¿cómo huyes,
                        y tan cobarde me tiemblas?
                        El dolor vuelve a afligirme,

si no es que la envidia fiera
que la atizan beneficios,
y lealtades la despiertan.
David, ¿dónde estás?

(Sale David.)

David   Señor:
¡Válgame el Cielo! ¿Qué intentas,
rey de Israel? Señor mío.

Saúl   Estorbar que no lo seas,
pues hoy muriendo a mis manos,
daré templanza a mis penas.

David   El brazo de Dios me ampare.

(Vase.)

(Tira Saúl la lanza al vestuario.)

Saúl   Desmintió el golpe la diestra,
erré el tiro; pero en vano
a la ejecución te niegas
de mi furia. ¡Ah de mi guarda!
Quien mi descanso desea
mate a David no se escape
aunque el Cielo le defienda.

(Vase.)

(Salen David por una parte, y Abner por otra.)

David   ¿Dónde podré estar seguro,

cielos?

Abner   David, esta puerta
sale al campo; el Cielo guíe
tus pasos; que la obediencia
del rey no es bien que me obligue
cuando sus furias le ciegan
en lo mismo que él conoce
que es injusticia.

David   Tan cerca
siento, Abner, voces y pasos
de los que matarme intentan,
que es ya librarme imposible.

Abner   Gana esa puerta, y no temas
pues dices fías en Dios.

David   Dios me ayuda, y tú me alientas.

Abner   Guarden los Cielos tu vida.

David   Para defender con ella
al rey de sus enemigos.

Abner   Esa virtud es la prueba
de varón tan justo.

David   ¡Oh, Saúl!
De ti mismo te defienda
el brazo de Dios.

Abner   ¿Qué aguardas
donde riesgos se atropellan?

David	Queda en paz, Abner.
Abner	El Cielo te guíe.
David	Porque esta deuda reconozca mientras viva.
Abner	Con que te libres me premias.

(Vanse cada uno por su parte.)

Fin de la primera jornada

Jornada segunda

(Salen Naval Carmelo y Zafain, vejete rústico, y otro zagal, Abigail y Céfora.)

Abigail

Tan blanco ha dejado el suelo
el esquilmo del ganado,
que estando sereno el cielo,
parece que ha granizado
en las faldas del Carmelo.
La desperdiciada lana
que suelta, se desencoge,
vuela por el prado ufana,
y el clavel que la recoge
en su regazo de grana,
    presume que le castiga;
pues como su roja espiga
la ve argentada, le cela,
que es escarcha que le hiela,
siendo armiño que le abriga.
    El vellón que se desata
derramado en los caminos,
cuando el viento le arrebata
con cándidos remolinos,
es polvareda de plata.
    Y la tierra, al verdor hecha,
viéndose blanquear, sospecha
que con ser, Naval amigo,
su sementera de trigo,
es de aljófar su cosecha.

Naval

¿Ves lo que al clavel le nieva
y lo que es granizo helado,
porque el monte se lo beba,

lo que argenta el verde prado,
y lo que el viento se lleva?
　　Pues que me lo usurpen siento,
que aunque no aprovecha, atento
juzgo que es caso cruel
dar yo mi hacienda al clavel,
al monte, al prado y al viento.

Abigail
　　Hoy un convite has de hacer,
de esquilas tres mil cabezas,
y así es día de placer.

Naval
Abigail, tus franquezas
han de hacerme empobrecer;
　　y ¿a quién ha de ser?

Abigail
　　　　　　Naval,
a todos nuestros zagales.

Naval
¿No han ganado su jornal?

Abigail
Esposo, agasajos tales,
son deudas del mayoral.

Naval
　　¿A cuál de los tres más bien
podré esta llave fiar?

(Sácala.)
Y con menos desmán, ¿quién
traerá con que os regalar
de mi abundante almacén,
　　que todo el año tributa
el grano en hilos maduro,
la ceniza al viento enjuta,
miel en barro, en sal buturo,
queso en ollo, en paja fruta?

Zafain	Verás como yo lo taso.

Céfora	No daré sin tu consejo una pasa.

Zafain	Ni yo un paso.

Naval	Yo se la entrego al más viejo, que sabrá ser más escaso, y a su elección se le fía que escoja.

Céfora	Voy por tu espía.

(Vanse los tres.)

Naval	Abigail, no es exceso ese para cada día.

Abigail	Por fama, desde Farán, tu riqueza es conocida, adonde infante le están meciendo en plata mullida sus dos cunas al Jordán. Y tú, avaro, allá en la cumbre de tu adorado tesoro, sin que el dictamen te alumbre, vas envejeciendo el oro al paso de la costumbre.

(Vuelven a salir con algunas frutas en platos y pan, o lo que pareciere, y, extendiendo los manteles, se sientan.)

Naval	Las riquezas se conservan guardando, que es largo el tiempo: ea, extended los manteles en este florido suelo.
Abigail	Sentaos, pues, que mi esposo os convida.
Zafain	Ya lo hacemos.

(Salen Abisaí y Zaqueo.)

Abisaí	El Dios de Jacob os guarde.
Zaqueo	Sí guardará, pues discretos nos tienen puesta la mesa aguardando a que lleguemos.
Naval	En mal hora hayáis venido, pues turbáis nuestro sosiego.
Abisaí	Con un ruego a ti, ¡oh Naval! de parte de David vengo.
Abigail	A escucharle te levanta.
Naval	Antes no hacer caso de ellos es mejor, por no obligarlos a que mendigos y hambrientos se nos conviden: comamos, pues se volverán en viendo que no los oigo.
Abisaí	¡Que el nombre

de David estás oyendo,
y no hagas caso!

Abigail
      Naval,
que estás descortés confieso;
pero yo en esta ocasión
ser más divertida quiero;
que en el que me envía David,
al mismo David contemplo.

Naval
Como te llaman prudente,
siempre estás dando consejos:
vos, a lo que habéis venido
referid, y sea presto.

Abisaí
Si por su mujer no fuera,
cuya fama reverencio,
yo vengara el desacato.
El que venció al Filisteo
me ha mandado que en su nombre...
te diga.

Zaqueo
Aguarda; que quiero,
antes que quebrar el hilo,
sentarme a comer, que vengo
por entretenido acerca
(Siéntase.) de esta embajada, y son estos
los provechos de mi oficio,
que han de entrarme en mal provecho.
Hablar puedes ya, y vosotros
podréis escucharle atentos;
(Come.) que yo comeré por todos.
Naval, no comáis más queso,
que os haréis rudo en dos días,

ni tú, mayoral, de viejo,
cuya barba es más cerrada
que la bolsa de tu dueño.

(Levántase Naval.)

Naval   ¡Oh! ¿Habéis venido a enojarme,
                         o a referirme el intento
                         de David?

Abisaí   Ese es el mío.

Naval   Pues que le expliquéis espero.

Abisaí   Fugitivo de Saúl,
                         en ese estéril desierto
                         de Farán, David habita,
                         siguiéndole cuatrocientos
                         de la tribu de Judá,
                         entre aliados y deudos.
                         Y como no les dispensa
                         la sequedad del terreno,
                         fruto que parezca alivio,
                         ya que no sea alimento;
                         y en hondas cuevas se esconden,
                         que son calabozos ciegos
                         donde están, si no alojados,
                         de su mismo temor presos,
                         a ti, ¡oh Naval!, porque sabe
                         que eres rico y opulento
                         dueño de cuanto se juzga
                         verde atalaya el Carmelo,
                         que le socorras te ruega
                         con algunos bastimentos:

esto te suplica el hijo
de Isaí.

Naval
                        ¡Encarecimiento
notable! ¿Quién es el hijo
de Isaí? ¿No es un soberbio
capitán de forajidos?
Respondedle que no puedo
socorrer la sed ni el hambre
que padece; pues si tengo
frutos que me da mi hacienda,
para el preciso alimento
de mi mesa y mi familia,
los he menester.

Abisaí
                        ¿Resuelto
a no hacerle el beneficio
estás?

Naval
                        Bien podéis volveros;
que nada he de enviarle.

Zaqueo
                        ¿Nada?
Que le envías mucho entiendo,
pues allá irá lo que yo
en el estómago llevo,
si no es que lo deje antes
en el camino.

Abisaí
                        Zaqueo,
volvámonos a Farán.

Zaqueo   Volvámonos; que aunque tengo
satisfechas ya las ganas,

53

como a Naval estoy viendo
delante de mí, imitadas
en su miseria contemplo
la mendiguez, la abstinencia,
el ayuno, el cautiverio
de Egipto, el comer por onzas,
la dieta, el mucho concierto,
el mediodía, el pan caro,
y otra vez de hambre muero.

Abisaí   Temo que David se irrite
contra ti.

Naval   Yo no lo temo:
decid, ¿por qué ha de irritarse,
y más viendo que le niego
lo que es mío?

Abisaí   Él no lo pide
con rigor, sino con ruego
y humildad.

Naval   Yo no lo doy,
porque me lo ha dado el Cielo
para mí; mas de este modo
acabo de responderos.

(Vase.)

Abisaí   ¡Qué necio ha estado Naval!
Yo he de buscar algún medio
para aplacar la venganza
de David, pues ya la temo.
¡Ay de ti, mísero avaro,

si David llega al Carmelo!

(Vase.)

Zaqueo   ¡Ay de ti, vejete rancio,
          si a su lado entonces vengo!

(Vanse cada uno por su parte, y sale Jonatás.)

Jonatás   Ya por cumplir de mi amistad el voto,
               piso el desierto de Farán remoto;
               sin fuente en que, por más que se congoje,
               los alacranes el caballo moje;
               sin ramo, donde en métrica armonía
               se ponga el ave a requebrar al día;
               sin hierba, de la tierra honor primero,
               cuyo inculto verdor rumia el cordero;
               y por eso jamás aquí es oído,
               ni relincho, ni canto, ni balido.
               David, que la violencia huir procura
               de mi indignado padre, se asegura
               en estas cuevas; pero yo, que tengo
               su riesgo a cargo, a prevenirle vengo.
               ¿Si estará en esta, que a la luz se niega?
               Para llamarle, a la espelunca ciega
               quiero acercarme; con furor me asombra:
               encontré con la patria de la sombra.
               ¡Ah del abismo, donde el Sol expira!
               Centro es oscuro cuanto allá se mira.
               ¡Ah. de la cárcel, de peñascos huecos!
               Que como es cárcel, prende hasta los ecos.
               ¡Ah del centro, con quien el día lucha!
               Solo el silencio es el que se escucha.
               O no me oye, o se engaña mi deseo:

valiente vencedor del Filisteo,
qué, ¿a la voz no respondes de tu fama?
David, señor, amigo.

(Sale David.)

David   ¿Quién me llama?

Jonatás   Quien se aventura por venir a verte.

David   ¡Ejemplo de amistad, Jonatás fuerte!
Aunque rota de tanta pena dura,
al hondo centro de esta cueva oscura
llegó tu voz; y aunque es su abierta boca
ancha portada que rasgó la roca,
tiene otra quiebra en el peñasco mismo,
que es postigo secreto de este abismo,
por donde salí a ver (quísolo el Cielo)
quién me llamaba; que el mortal recelo
que de tu padre tengo, le ha enseñado
todos estos rodeos al cuidado.

Jonatás   En mayor daño el tuyo se conmuta.

David   Mayor que el habitar aquesta gruta
adonde por sacar luz que me anime,
el eslabón al pedernal oprime,
que aunque duro, llorando de congoja,
son sus centellas lágrimas que arroja;
y porque salen en ardiente fuga,
lienzo la yesca es, que las enjuga;
que en esa ciega patria del espanto,
da en claridad lo que recoge en llanto,
pues como en ella nunca asoma el día,

solo es luz material la que me guía.

Jonatás	Más crecido es tu mal (¡suerte penosa!)

David

Más crecido que el hambre que me acosa,
víbora lenta, que aunque es corto el trecho
hasta que llegue a la región del pecho,
voraz por sendas de tristeza llenas,
va apurando la sangre de mis venas.

Jonatás

Más fuerte el riesgo es, más se acrecienta.

David

¿Más fuerte que la sed que me atormenta?
Pues envidio en tan bárbara inclemencia
del bruto luchador la providencia,
que este alivio a sí mismo se le debe,
pues de sus manos el humor se bebe:
sediento imito en ese centro angosto,
latiendo al can en la estación de Agosto.

Jonatás

Es más grande.

David

      ¿Excederle no procura
la sed, el hambre y la caverna oscura?

Jonatás

No.

David

    Dilo, pues,
que decirlo el labio ordena.

Jonatás

¿Decirlo el labio ordena?
¡Sabe el Dios de Abraham y con qué pena!
Mas callarte el peligro es agraviarte,
puesto que es más terrible que el faltarte

en cueva, en sed, en infortunio hambriento,
la luz del Sol, el agua y el sustento.
  Tres mil de los escogidos
de Israel, para prenderte
ha conducido mi padre,
y desde Ramata viene,
adonde es su plaza de armas,
con esta tropa de gente,
para atajarte los pasos:
tú, que en lo incauto pareces
al irracional que habita
bruto montaraz albergue,
que acosado del estruendo
de bocinas y lebreles,
busca donde se asegure;
asegúrate, pues sientes
los pasos del cazador,
antes que en la red tropieces;
no le hagas rostro al peligro.

David

Si es que matarme pretende
Saúl, como a mi noticia
ha llegado, que me ofrece
seguro para que vaya
a repetir, como siempre
se ha hecho, la preeminencia
de que a su mesa me siente,
de las Calendas del día
que en nuestro idioma se entiende
el primero del mes, y hoy,
que ha llegado este solemne
día en el hebreo rito,
me llama, ¿qué enigma es este,
que lisonjea y castiga?

¿O cómo se compadece
prevenirme el agasajo
con desearme la muerte?

Jonatás

Para interpretar mejor
su intento, ¿qué te parece
que podré hacer yo? Que en todo
que a tu elección me sujete
es justo, como al cincel
el dócil tronco obedece.

David

Pues, Jonatás, quien sospecha
un peligro y no le teme,
desesperado se mata
a sí mismo; y pues comete
en su vida el homicidio
que prohíbe Dios, ya ofende
el Decálogo sagrado,
que con su dedo presente
nuestro gran legislador
grabó en mármoles rebeldes;
y así, el asistir rehúso
en el festivo banquete.
Y si acaso preguntare
por mí, podrás responderle
que me envió a pedir la ilustre
tribu de Judá, que fuese
a hallarme en los sacrificios
que hace Belén al Dios fuerte
de los ejércitos, donde
en la sangre de inocentes
víctimas se explica el celo,
la fe en aromas trasciende.
Y por eso te rogué

que esta disculpa le dieses
de mi parte; y si la admite
afable, es señal que miente
la negra nube, que densa
rayos contra mí promete.
Mas si de oírla se enoja,
es darme a entender que el vientre
del condensado vapor,
para fulminarme, ardientes
abortos encierra, hijos
de congeladas preñeces.

Jonatás   Pues yo me prefiero a darte
el aviso.

David   ¿Y de qué suerte,
si para vernos los dos
hay tantos inconvenientes?

Jonatás   Pues nos hemos acercado
a aqueste sitio eminente,
donde el pabellón del rey
se ha de plantar, esconderte
podrás entre aquellas rocas.
Y si desde allí advirtieres,
que yo, como que en el blanco
me ejercito, un arpón leve
pongo en el arco, y le tiro,
volverte a la cueva puedes,
pues te servirá de aviso,
de que hallé indicios crueles
en mi padre; mas si el brazo
sobre la cuerda pusiere
la flecha, y al dispararla

la ejecución se suspende,
asegurado del riesgo,
te podrás llegar alegre
donde yo esté, pues con esto
te daré a entender que quiere
la suerte que tus trabajos
tengan fin.

David

¡Que resolverte
podrás a tan grande empeño!
Mira bien lo que prometes,
Jonatás.

Jonatás

En este pacto
que hago con David, ponerte
quiero por testigo a ti,
gran Dios, que contra la plebe
incrédula un tronco basto
hiciste escamada sierpe;
porque permitas si yo,
engañoso no cumpliere
lo que ofrezco, que los mismos
peligros que David teme,
vengan sobre mí; y si acaso
es tu voluntad hacerle
rey de Judá, en tu sagrada
presencia él también me ofrece
que usarán de piedad todos
sus heroicos descendientes
con los míos, así a ellos,
de tu mano ungido rey,
para que aquesta amistad
hasta los hijos la hereden.

David	Así lo ofrece David.
Jonatás	Así Jonatás lo ofrece.
David	Pues ya que el contrato hacemos, firmarle los brazos pueden, porque el tiempo no le anule, ni el olvido le cancele.

(Tocan cajas y trompetas.)

Jonatás	Este estruendo nos avisa que el rey llega.
David	De su gente veo ya el tropel, ¿qué haremos? Pues mientras de afecto ardiente llevados, nos divertimos, se han acercado de suerte, que parece que hacen alto las escuadras.
Jonatás	A ponerme voy entre la armada tropa, para que mi padre piense que vine en la retaguardia: tú, con paso diligente, al puesto que he señalado te retira.
David	A lo que hicieres, desde allí he de estar atento.
Jonatás	Yo haré que presto interpretes

el aviso de la flecha.

(Vase.)

David   Tu lealtad el cielo premie:
ya han armado el pabellón
del rey sobre el campo estéril,
y para la ceremonia
del convite, puesta tienen
la mesa al rey de Israel,
para que a comer se siente:
los Príncipes de las tribus
acompañándole vienen.
El príncipe Abner también,
que lugar, como yo, tiene
en este público acto,
ya se sienta, a quien sucede
Jonatás, mi firme amigo;
mas junto al rey, me parece
que un lugar está vacío;
sin duda es el que previenen
para mí; con Jonatás
colérico se enfurece
Saúl, ¿qué será la causa?
Pues a levantarse vuelve
de la silla; todos hacen
lo mismo, el enojo crece,
y derribando la mesa,
fuego por los ojos vierte.

(Ruedan desde el vestuario al tablado algunos platos con servilletas.)

A esta parte se encamina:
ásperas rocas, valedme.

(Éntrase a esconder entre unas peñas que hay en un monte, no parece hasta su tiempo, y sale deteniendo Abner a Saúl, y delante, como que huye, Jonatás.)

Abner   Aplaca el feroz semblante.

Jonatás   Templa el airado poder.

Saúl   Castigarle quiero, Abner;
no te me pongas delante.

Abner   Señor, oye.

Merob   Padre, espera.

Jonatás   Porque su error reprendí
se indigna, y porque le di
la excusa de David.

Saúl   ¡Muera
David! Pero satisfecho
de no encontrarle jamás
estoy, porque Jonatás
le esconde dentro del pecho.
Mas pues castiga igualmente
de nuestra justicia el rito
al que comete el delito
y al que encubre al delincuente,
apartaos, que aunque me arrojo
contra lo que amor discurre,
también Jonatás incurre
en la pena de mi enojo.

Merob	Guardar a David, entiendo que ha sido acierto, y no error.
Abner	En dar a David favor, más te obligo que te ofendo.
Saúl	¡Que a los dos a un tiempo os mueva tan mal fundada opinión!
Merob	Esto apoya mi atención.
Abner	Esto mi discurso aprueba.
Merob	Afírmelo un argumento.
Abner	Otro argumento lo diga.
Saúl	Pues decid, ¿en qué me obliga?
Merob	Atento escucha.
Abner	Oye atento.
Merob	Un despeñado arroyo, que campea desde el Tabor, en cuya cumbre mana, lanza de plata es, que corre ufana a quebrarse en el mar de Galilea. Mas tuerce el curso en que morir desea, topando acaso en una roca anciana, y en vez de hundirse entre la espuma cana, sierpe argentada por la playa ondea. Si al risco, que le estorba el parasismo, grato se muestra hasta un raudal escaso, tú que te precipitas de ti mismo,

65

no culpes, cuando corres al fracaso,
que te amenaza el mar de un ciego abismo,
que se te ponga Jonatás al paso.

Abner

Tiene el Líbano un árbol, planta rica
del saludable fruto trascendiente,
cuya raíz, que en el sitio está pendiente,
echa fuera los lazos que rubrica.
    Y una palma, que al fértil hombro aplica,
por no hacer su caída contingente,
le está besando el pie, que amargamente
de aromáticas lágrimas salpica.
    Es el resabio en ti de un odio injusto,
la raíz que revienta mal sufrida;
Jonatás palma, si árbol tú, robusto;
    pues a un tiempo aplicó con fe advertida
la boca del respeto a tu pie augusto,
pero el hombro del celo a tu caída.

Saúl

Convencerme es vana empresa
cuando vengarme procuro,
pues teniendo mi seguro,
faltar David de mi mesa
    en tal día, que es, confieso,
menosprecio declarado,
y el haberle disculpado
Jonatás, fue loco exceso;
    y así, aunque raudal he sido,
que libre empieza a correr,
y árbol que se va a caer,
del terreno desasido;
    no he de parar, si el tesón
de mis ondas no desmaya,
hasta entrarme por la playa

del mar de mi indignación.
Arrancaré mis raíces
rodando hasta el verde centro
del valle, que al duro encuentro
verá ajado sus matices.
Podrá ser, si el risco bronco,
o si la palma eminente
hace estorbo a mi corriente,
sirva de arrimo a mi tronco,
cuando despeñado baje,
o cuando arrancado llegue,
que uno su cerviz anegue,
y otro sus ramas desgaje.

(Vase.)

Merob   Sigámosle.

Abner   Gran desvelo.
Me da el ver su rostro airado.

Merob   ¿A mi padre has enojado?

(Vanse los dos.)

Jonatás   Hermana, quiérelo el cielo.
Pues para guardar la vida
de David, me hace instrumento;
pero ya avisarle intento,
pues la flecha prevenida
tengo, y el arco, y culpaba
la tardanza a mi cuidado.

(Hace que toma de adentro una flecha y arco, y David se ve entre las peñas.)

David

Como estoy tan apartado,
no oí lo que el rey hablaba;
  mas ya mi atención acecha
de Jonatás el aviso.

Jonatás

El disparar es preciso,
pues ya...

(Al tirar, sale Saúl por la misma parte.)

Saúl

    ¿Tú con arco y flecha?

Jonatás
(Aparte.)

  Mi padre ha vuelto, cruel,
(cuando pienso que se aleja.
¿No son armas que maneja
la milicia de Israel?)

David

  El rey volvió.

Saúl

      ¿Y con qué fin
tiras ese arpón veloz?

Jonatás

Por si entras en la feroz
provincia de Filistín:
  matar yo con valentía
mucho bárbaro tropel,
para ejercitarme en él,
blanco de aquel tronco hacía.

Saúl

  Cuando a encontrarte he querido
volver, por darte ocasión

de que me pidas perdón
de tu culpa convencido,
   con juvenil ardimiento,
sin darte ningún cuidado
que yo me fuese enojado,
¿flechas disparas al viento?
   Deja el tiro, y no presumas
con soberbia imitación,
por parecerte a ese arpón,
vestirte de vanas plumas.
   Baja el arco.

Jonatás   Ya
te obedezco: el riesgo miro,
pues ve que suspendo el tiro
David, y presumirá
   que es darle a entender que puede
llegar seguro, aunque está
aquí el rey.

David   ¿Si llegaré?
Pues asegurarme puede
   el ver que no ha disparado
Jonatás.

Saúl   Más por mí hicieras
si adiestrándote estuvieras,
no contra el robusto airado
   filisteo en fiera lid.

David   Yo llego.

Jonatás   Él viene: ¡hay mayor
mal! Pues ¿contra quién, señor?

Saúl	Contra el pecho de David.
Jonatás	Él mismo me ha dado asunto por donde el remedio espero, pues por no enojarte quiero, ahora que al blanco apunto, adiestrarme desde aquí, para que no yerre el pecho de David.
Saúl	Muy satisfecho me dejas.
Jonatás	¿Disparo?
Saúl	Sí: y aunque fingida la acción, la flecha vaya derecha.
Jonatás	Pues haz cuenta que esta flecha le acierta en el corazón.
Saúl	Eso sí.
David	Lo que me empeña a llegar, me vuelve atrás: ¿qué haré? Tiró Jonatás; que huya me dice esta seña.

(Dispara hacia dentro.)

Saúl	¿Acertaste?

Jonatás   Yo confío
                        que en David lo mismo haré.

(Vase David por donde estaba.)

Saúl   Ahora sí que podré
                        decir que eres hijo mío:
                             busquémosle entre los dos;
                        que uno ha de ser su homicida.

(Vase.)

Jonatás   No es posible; que su vida
                        corre por cuenta de Dios.

(Vase.)

(Salen Abisaí, Zaqueo y soldados.)

Abisaí   ¿Dónde David estará?
                        no rehuséis el decillo,
                        cielos: ¿dónde el gran caudillo
                        de la tribu de Judá?

(Sale David.)

David   A hallar abrigo tan cierto,
                        amigos, viene David.

(Dentro Abner.)

Abner   Esa senda, es muy fragosa.

(Dentro Saúl.)

Saúl	Aunque es áspera, la sigo por buscar a mi enemigo.
David	Mirad cómo ya me acosa.
Saúl	Sígueme, Abner.
Abner	La aspereza los pasos me va cerrando.
David	Mi riesgo se va acercando; desta cueva fortaleza haremos: denos sagrado en su oscura lobreguez ahora, pues otra vez hospedaje nos ha dado. Ea, todos los demás entren delante de mí, porque yo y Abisaí nos quedaremos atrás.
Abisaí	Entra tú.
Zaqueo	Haga esas pruebas otro, haga otro la guía; que yo tengo antipatía grandísima con las cuevas.
Abisaí	Pues yo entraré; que arrogante llega el rey en nuestro encuentro. Ven, David.
David	Ya busco el centro.

(Entran en la cueva.)

Zaqueo   Entraré, pues van delante;
                  ya el encubrirnos os toca,
                  cueva hermana, en tal aprieto;
                  mas ¿cómo tendrá secreto
                  quien jamás cierra la boca?

(Sale Saúl con un capote rojo o manto.)

Saúl   Gente parece que ha entrado
                  en ese centro escondido;
                  y aunque Abner se me ha perdido,
                  y Jonatás ha marchado
                     por otra parte, rigiendo
                  otra escuadra de soldados,
                  por ver mis pasos logrados,
                  aquí solo entrar pretendo,
                     por ver si a David yo mesmo
                  hallo. (¡Qué horrible es y fea
                  la gruta!) Entraré, aunque sea
                  un bosquejo del abismo.

(Salen David y Abisaí por la otra parte.)

David   Como tenemos la entrada
                  de la cueva tan enfrente,
                  y está oscuro, fácilmente
                  se ve que por la rasgada
                     quiebra entró Saúl.

Abisaí   Y ve mal,
                  que sin tino acá ha guiado

los pasos.

David   Ponte a mi lado,
y en el Cielo confiemos.

(Sale Saúl, como que no ve.)

Saúl   Como de la claridad
vengo aquí, donde anochece,
deslumbrado me parece,
que es mayor la oscuridad;
   ciego, solo horrores sigo.

(Andando.)

Abisaí   David, ya el día llegó
en que Dios te prometió
entregarte a tu enemigo,
   porque a tu elección se entienda
que la venganza ha de ser.

David   No permita su poder,
que yo al rey ungido ofenda.
   Antes tú, en peligro igual,
porque mi lealtad se crea,
tráeme encendida una tea.

Abisaí   Voy a herir el pedernal.

(Vase.)

David   Llegaré, sin ser sentido,
al rey.

Saúl	¡Que ya que desdeña la vista darme una seña, no se la deba al oído!
David	Por fundar más lo que tanto le bastaba a persuadir, le voy procurando asir la orla del regio manto, cortándole parte poca, aunque al decoro me atreva.
Saúl	Como he torcido la cueva, perdí de vista la boca.

(Con un cuchillo le corta un pedazo de la capa.)

David	Logré mi mucha osadía: toqué a Saúl: ¡qué conflito! Ya he cometido el delito: vendré a pagarle algún día.
Saúl	Hacia allí una antorcha luce, norte inquieto, pues al paso se mueve su ardor escaso del mismo que le conduce: ¿si en prender este traidor algún exceso se atreve? ¿Dónde estás, David aleve?

(Sale Abisaí con la tea encendida, y al volver Saúl halla a sus pies a David.)

David	A tus pies, rey y señor.
Saúl	Tú junto a mí: ¿qué disculpa

tendrás, sino que matarme
quieres?

David

(Levántase.)

(Tómale la tea.)

Antes de escucharme,
no me adjudiquéis la culpa.
    Pero en indecencia toca
que a Saúl, rey de Israel,
le cubra en vez de dosel
el techo de aquesta roca.
    Sal de ese albergue, que en vano
el Sol verle procuró;
que para alumbrarte, yo
la luz llevaré en la mano:
    sígueme sin ir sujeto
al recelo; que en tal caso,
para asegurarte el paso
va delante tu respeto.

(Andan.)

Saúl

    Si viene lleno de enojos,
¿cómo mi furor sosiego?

David

Es que entraste al venir ciego,
pero al salir ven tus ojos;
    mas ¿no ves la claridad
que otra antorcha te previno,
que hasta oírme aún te imagino
dentro de tu ceguedad?

(Entran por donde salieron, y dan vuelta al tablado, saliendo por la boca
de la cueva.)

Saúl

Ya veo el zafir azul,

y ya el superior lucero,
y ya tu disculpa espero.

David Pues oye, invicto Saúl.
   Supremo rey de Israel,
ya que cruel tu castigo
tanto ha que pisa la senda,
nunca hollada del delito,
para obligarte a mis iras,
o darte menos motivos
de que en esta humilde garza,
real neblí, tiñas el pico:
desde el prólogo primero
de mi vida, determino
ir hojeando los sucesos,
por si los borró el olvido
de tu memoria, aunque en ella
era justo, era preciso,
rey y señor, que estuviese
encuadernado este libro.
Cuando de escuadras armadas,
de crespos blancos armiños,
en las floridas campañas
era rústico el caudillo,
siendo bengala el cayado,
y arnés cándido el pellico,
enviaste a Isaí a mi padre
con amorosos indicios,
a rogarle que enviase
a tu corte, y aunque he dicho
que le rogaste, esta vez
término impropio no ha sido;
que entonces fue el ruego en ti
lícito, pues aunque afirmo

que tiene en lo temporal
un rey superior dominio,
son tributos reservados
solo para Dios los hijos.
Mas mi padre a tu presencia
me envió, y los ásperos riscos
que antes pisaba en el monte,
troqué en los jaspes bruñidos
del Palacio, donde hallé
en la púrpura de Tiro
también escondido el áspid,
cuando engañoso y nocivo
presumí que le dejaba
emboscado en los tomillos.
Aquel espíritu impuro,
que en ti empezó, fue ministro
de la justicia de Dios,
por haber dejado vivo
al rey de Amalech:
metió en tu pecho pérfido
su rabia infernal, haciendo
que airados y enfurecidos
tus ojos, vertiesen fuego,
y no llanto compasivo,
y en tu boca fuesen bascas
los que iban a ser suspiros.
Mas yo, cuando a tan ardiente
pasión estabas rendido,
manejaba el instrumento,
y tu intolerable abismo,
de aquel sonoro beleño
blandamente adormecido
se iba quedando, pues prontos
los dedos ya, y ya remisos,

al rebatir de las cuerdas,
lo que en ellas fue gemido,
sin dilación en tu pecho
se pasaba a ser alivio.
¿Quién creyera que una dulce
cadencia hubiera rendido
de tan pesada cadena
los eslabones prolijos?
¡lnescrutables secretos
de Dios! pues para este auxilio
ordenó su Providencia
que en tanto que a su albedrío
mi ganado hollaba el valle,
yo, entregado al ejercicio
sonoro, estuviera en él
tan diestro, que cuando herido
le sonaba el instrumento
en la quiebra de algún risco,
naturalmente ayudadas
allí de lo insensitivo,
era cada oveja un mármol,
suspensas al dulce hechizo
del arpa; y si alguna dellas
le interrumpía, medido
el acento de su voz,
con el contrapunto mío,
aunque a su madre llamaba
con amoroso cariño,
parecían, siendo quejas,
consonancias los balidos.
De las huestes filisteas
asustado, con las tribus
de Israel fuiste marchando
hacia el valle Terebintho.

Y estando tu campo a vista
del ejército enemigo,
vimos salir de sus reales
un corpulento prodigio
de estatura formidable;
vestía un arnés, que quiso,
por ser dragón de metal,
que la fragua y el martillo
se le grabasen de escamas,
con un escudo de limpio
acero cubierto el pecho,
un corvo alfanje ceñido,
y todo un árbol por lanza,
que sin fatiga o perjuicio
del brazo, de hojas desnudo,
como de estragos vestido,
nacido había en aquel
monte de miembros macizo.
Plantado entre los dos campos,
a singular desafío
llamaba a uno de los nuestros;
pero todos, escondidos
entre el temor y el silencio,
no se hallaban a sí mismos.
Y yo, viendo que un profano
idólatra, incircunciso,
cargado de infame duelo
dejaba el pueblo escogido
de Dios; para el duro encuentro,
licencia, Saúl, te pido;
y aunque dudoso a mi instancia,
me concedes que al peligro
me arroje, y para el combate
mandas que tu yelmo mismo

me pongan: dasme tu espada:
con respeto me la ciño.
Mas para ver si veloz
o torpe el acero esgrimo,
hago la prueba, y el brazo,
no acostumbrado al estilo
de tales armas, se halló
tan extraño en su ejercicio,
que por no ponerlo en duda,
quitándomelas, elijo
cinco piedras de un arroyo,
el cayado al brazo aplico,
la honda rodeo al cuerpo,
y armado del temple fino
de la fe, que es peto fuerte,
hecho a prueba de peligros,
a vista del filisteo
la verde palestra piso.
Desprecióme su arrogancia,
pero irritado y movido
de mis razones, dispuso
hacer batalla conmigo.
La honda tomo, y una piedra
tan cierta a su frente envío,
que juzgue que la sirvió
de precepto el estallido;
con que sus vitales basas
quebradas, al suelo vino
aquel de naturaleza
desmesurado edificio.
Y quitándole el alfanje,
la cabeza le divido
de los hombros, que en mi mano
pendió de sus bastos rizos.

Su gente huyó, y en su alcance
tus caballos impelidos
para que se detuviesen
los llamaban a relinchos.
Este fue mi primer triunfo,
este, Saúl, fue el principio
con que aseguré en tu mano
el cetro, sin otras cinco
victorias que en nombre tuyo
mi valor ha conseguido,
para establecerte el reino,
que goces felices siglos.
¿Pues por qué, señor, el odio
tanto ha de poder contigo,
que huyéndole a tu rigor
el rostro airado y esquivo,
me ha de tener siempre el monte
por su huésped forajido?
Cuando de Jerusalén
salí, y llegué peregrino
a Niobe; Ahimelech,
sacerdote, conmovido
de ver mi hambrienta miseria,
me dio los panes acimos,
aunque estaban reservados
para los sacros ministros
del templo, porque en la ley
dispensó allí lo preciso
de la piedad; y tú, airado,
después que te dio el aviso
Doeg Idumeo, que entonces
presente fue al beneficio
mandaste que Ahimelech
fuese pasado a cuchillo

porque alivió mis trabajos,
con otros ochenta y cinco
sacerdotes del Señor.
¿Qué constitución, qué rito
manda que la caridad
sea capaz del castigo?
¿Cuándo la piedad fue rea?
¿Cuándo se vio en el suplicio
el hacer bien? ¿Ni qué imperio,
sino el tuyo, ha establecido
que fuesen las buenas obras
confirmadas por delito?
¿Por qué, señor, me persigues,
cuando en lo leal imito
al can, que pisado acaso
del dueño, aunque sienta esquivo
dolor, mirándole al rostro,
le saluda con cariños,
lamiéndole el pie, que fue
instrumento fortuito
de su daño, en vez de dar,
colérico y vengativo,
al desenojo la presa,
y la querella el ladrido?
¿En qué te ofendí? Si acaso
las finezas, los servicios
son crímenes contra ti,
muchos, rey, he cometido.
El Señor entre los dos
sea Juez; y si el registro
de mis cargos fuere cierto,
recto pronuncie el castigo.
La muerte te pude dar
en la cueva, y para indicio

desta verdad, reconoce
este trozo dividido
de la orla de tu manto;
que la oscuridad y el sitio
permitió que le cortara,
cuando pudiera atrevido
matarte, y que este sea
el postrero beneficio,

(Sale Abner.)   y el mayor; porque revoques,
Señor, el decreto impío
de tu indignación, en tanto
que el aire en su imperio limpio,
la tierra en su vasto seno,
el agua en su centro frío,
el fuego en su esfera ardiente,
son desta verdad testigos;
pues con leal vasallaje
a tus Reales pies me rindo.

Saúl (Aparte.)   Alza, David: (aquí es fuerza
torcer el tesón remiso
de mi enojo, y más hallando
tan contingente el peligro,
por verme entre mis contrarios).
Yo te otorgo cuanto has dicho.
Mas como tal vez el odio
en un pecho envejecido
reverdecer suele, es bien
que te apartes de mí: aplico
al tósigo de mi enojo
el antídoto preciso
de la distancia; David,
vete en paz.

David	Tu gusto sigo.
Saúl	¡Que a dividir un pedazo del regio manto que visto, osara! ¡Ah, Samuel sagrado, cómo acordarme has querido de cuando te rasgué el tuyo! Tristes presagios prolijos de la división del reino de Israel todos han sido. ¿No te vas?
David	Ya te obedezco: los que en la cueva conmigo entraron, ¿a dónde están?
Abner	Por la otra quiebra han salido, que corresponde hacia el llano.
David	Pues ven, que ya que me libro por ahora de Saúl, a los contornos floridos del Carmelo marchar quiero, a castigar el delito del necio Naval.
Saúl	David, yo deseo ser tu amigo, pero lejos de ti.
David	Yo, como a rey por Dios ungido, reverenciaré tu nombre desde el más remoto sitio.

Saúl	¡Ah, Samuel santo! Tu mano les deshereda a mis hijos.

Fin de la segunda jornada

Jornada tercera

(Sale Abigail por lo alto de un monte con muchos villanos, con cestas de presente; y por lo alto de otro monte David, Abisaí y soldados tocando cajas.)

Abigail	Aquel es el Hermón, basa del cielo.
David	Aquellas son las cumbres del Carmelo.
Abigail	Pues publicad con rústicas canciones, que a David le llevamos estos dones.
David	Pues ya que ir contra Naval pretendo, dígalo a voces el marcial estruendo.
Abigail	Y al dulce son moved el paso ufano.
David	Y al son del parche descended al llano.

(Empiezan a bajar, tocando a una parte clarines y cajas, y a otra cantando lo que se sigue, todo a un tiempo.)

Músicos	Porque David el fuerte alegre las reciba, pobres demostraciones la Fe las hace ricas.
David	¿No oís lo dulce de uno y otro acento?
Abigail	¿No escucháis el rumor que asusta el viento?
David	¿No veis rústica tropa que desciende?

Abigail	¿No veis marcial tropel que el monte hiende?
Zaqueo	Y es gente de Naval, según promete: sácolo por el rastro del vejete.
Abisaí	Y escuadra es de David; ¿no ves con brío, largo hasta en meter guerra aquel judío?
David	Si me embiste con vanas esperanzas, muera en nombre del Dios de las venganzas.
Abigail	Si David viene a darnos el castigo, mi humilde rendimiento va conmigo.
David	Pues volved a tocar, porque marchemos.
Abigail	Pues cantad otra vez, y caminemos.

(Tocan, y vuelven a cantar, y bajan al teatro.)

Abigail (De rodillas.)   Heroico caudillo hebreo,
                          la que está a tus pies rendida
                          es Abigail, que humilde
                          besa la tierra que pisas.
                          Juzga, que la inobediencia
                          de mi esposo ha sido mía,
                          y como culpada en ella,
                          a mí sola me castiga.
                          No arruines los contornos
                          del gran Carmelo, ni tiñas
                          de nuestra sangre las flores,
                          con que su falda matiza.
                          Ya muerto Naval, mi esposo,
                          a esta acción se determina

esta tu esclava, que ufana
conduce pobre familia,
para traerte, señor,
dones que, aunque no consigan
ser obras de la opulencia,
son del deseo primicias.

David   Abigail la prudente,
¿para qué a mis pies te humillas,
cuando te sube tu nombre
sobre las estrellas mismas?
Bendito el Dios de Israel
sea, que con su divina
mano te trujo a mis ojos;
el lenguaje con que explicas
tu humildad, bendito sea;
pues tú, Abigail, bendita
delante del Señor eres,
como entre todas las hijas
de Sión; que sola tú
pudieras templar las iras
de David, pues tus palabras,
más que tus dones, me obligan.
Recibid agradecidos
esto que Dios nos envía:
Abigail, satisfecha
de tu virtud, la divina
providencia del gran Dios,
que sea tu esposo me avisa.

Abigail   En mi humildad la obediencia,
mis aciertos acredita.

David   Dichoso seré en tus ojos.

Abigail	Contigo aumento mis dichas.
David	Vete en paz; que el horizonte que viene la noche avisa.
Abigail	El Dios de Jacob te guíe.
Abisaí	Discreta y hermosa, admira.
David	Una inclinación honesta acá en la idea la pinta.
Abigail	Un halagüeño respeto a que le admire me obliga.
David	A las demás aventaja, como, de nácar vestida, vence a las plebeyas flores la rosa entre las espinas.
Abigail	Bizarro a todos prefiere, cual suele en selva florida el árbol que lleva el fruto, que grana y oro matizan.
David	Cual bello espeso cabrío del Galad, se precipita su cabello por los hombros, se despeña en ondas ricas.
Abigail	En lo atractible, parece que al fragante cedro imita, que sobre el Líbano prueba

su incorruptible hidalguía.

David   Toda es perfecta a los ojos.

Abigail   Todo es amable a la vista.

David   Bendígala siempre el Cielo.

Abigail   Siempre el Cielo le bendiga.

David   Hágala el clarín la salva.

Abigail   Y vuestras voces repitan
de David las alabanzas.

David   El Sol su belleza envidia.

(Tocan cajas y clarines, y éntranse Abigail y sus pastores, cantando a un mismo tiempo, y quédanse David y Abisaí.)

David   ¿Quién de vosotros se atreve
a bajar a la campaña
conmigo? Porque a esta hazaña
nuestro Dios mis pasos mueve.
   El Filisteo cercado
tiene a Saúl, y ha de ver
que no le quiere ofender
quien su vida ha asegurado,
   ya viene el silencio mudo
de negras sombras cubierto,
y bajar quiero al desierto,
donde Dios librarme pudo
   de los sangrientos rigores
de Saúl.

Abisaí	Yo bajaré contigo, que estimaré tus peligros por favores.
David	Imitas en el valor a Joab tu hermano.
Abisaí	Intenta, pues Dios tus pasos alienta, un hecho heroico, señor.
David	Al campo del rey iremos.
Abisaí	Osaré morir contigo.
David	Que quiero que seas testigo de mi intento.
Abisaí	Pues lleguemos.
David	Es menester una espía para lograr mi deseo.
Abisaí	Soldados tienes, Zaqueo.

(Aparécese Zaqueo en lo alto del monte.)

Zaqueo	Solo a mí me llama el día, y ha de salir sin nublado.
David	El temor puedes perder.
Zaqueo	Ya no tengo que temer;

que lo temí adelantado.

David   Ven conmigo.

Zaqueo   ¡Qué ligero
que lo pronunciáis!

David   En vano
te excusas.

Zaqueo   Es que en lo llano
me espera el sepulturero.

Abisaí   Ea, hemos bajado al llano.

Zaqueo   No es muy llano el bajar yo.

David   Aunque la noche formó
sombras de silencio vano,
   en cuyos negros tapices
nuestro horizonte se encubre,
el pabellón se descubre
del rey.

Abisaí   Pues, señor, ¿qué dices?

David   Que he de entrar en él advierte;
que para este grave empeño
Dios les ha infundido un sueño,
que parece que la muerte
   descansa en él tan segura,
que si el Sol los alumbrara,
nuestra vista los juzgara
lienzos de vana pintura.

Postrados en tierra están
como flores que se hielan
al cierzo, hasta los que velan.
El campo todos me dan,
   por divina permisión:
generoso aliento, llega,
que el sueño y la sombra ciega
dan a mi intento ocasión.
   Una antorcha está encendida
en el pabellón Real.
Saúl duerme.

Abisaí   Sea fatal
noche de su ingrata vida.
   Si es tu enemigo mayor,
que te amenaza y persigue,
tu seguridad te obligue;
dale la muerte, señor.

David   ¿Qué dices?¿Quién te privó
el seso? Es de Dios ungido
el rey, y tú, inadvertido,
¿quieres que le mate yo?
   Si solo porque atrevido
a su ropa osé cortar
la orla, para mostrar
mi inocencia, perseguido
   de su tirana violencia,
en la mía no hallaré
abrigo algún tiempo, que
Dios me ha dado esta sentencia:
   iadvierte si ahora osara
poner la mano iay de mí!
violenta en el rey aquí,

el castigo que esperara!
    No pondré violenta mano
en el ungido de Dios.

Abisaí   ¿A qué venimos los dos?

David   No a un hecho tan inhumano;
                      ya veo a la cabecera
                  su lanza.

Abisaí   Pues si me das
                  licencia, David, verás...,

David   Si tu labio persevera
                      en su ofensa, ¡vive el Cielo...

Abisaí   Entra, y tu enojo reprime;
(Aparte.)   (¡que las piedades estime
                  más que su mismo recelo!)

David   Zaqueo se ha de quedar
                  fuera, por si algunas guardas...

Zaqueo   Con tu ausencia me acobardas.

Abisaí   ¿Pues no sabrás avisar
                      si en el peligro nos ves?

Zaqueo   Primero, si en él me veo,
                  he de avisar a Zaqueo,
                  que ponga en cobro los pies.

Abisaí   ¡Que tantas veces te fíes
                  de Saúl! ¡Qué gran simpleza!

David	Yo he de vencer su dureza
	a puras lealtades mías.

(Vanse.)

Zaqueo	Pintan al sueño y la muerte

en todo muy parecidos,
pues yo soy de los dormidos
con un gato que despierte.
   Cualquier estruendo importuno
me da asombros, me da espantos.
Si todos duermen, de tantos
¿no podrá roncar alguno?
   Bien pudiérades, Dios mío,
también hacelles callar;
pero pienso que el roncar
entra en el libre albedrío.
   Ningún remedio se aplica,
porque a estas muertes se ignora,
al cocodrilo si llora,
y a la víbora si pica;
   el basilisco mirando,
fingiendo la voz la hiena,
engañando la sirena,
y los soldados roncando.
   Con la voz terrible y bronca
hablan los que están riñendo;
¿pero que estando durmiendo
quieran echarme una ronca?

(Dentro Abisaí y David.)

Abisaí	Déjame, Señor.

96

David	Detente.
Abisaí	Yo excusaré tu peligro.
Zaqueo	Ea, ya despierta el mundo,
	y me han de matar a gritos;
	que matar a un hombre a palos,
	ni es novedad, ni es capricho.

(Sale Abisaí con la lanza, y deteniéndole David.)

Abisaí	Déjame, David, que tome
	venganza de tu enemigo;
	que con la herida primera,
	de mi heroico aliento fío
	que se excuse la segunda.
David	Para ser grave delito
	basta tu imaginación,
	pues te da traidores bríos;
	muestra, Abisaí, su lanza;
	que esta prueba me permito
(Dásela.)	para que conozca el mundo,
	pues los cielos ya lo han visto,
	que perseguido le guardo,
	y le perdono ofendido.
	Como es tan seco el desierto,
	sin fuente, arroyo, ni río,
	de otros campos traen el agua
	al rey; que en su tienda vimos
	de agua un pequeño barril.
Abisaí	¿Pues qué intentas?

David	Determino que sea la segunda prenda que me sirva de testigo, que no le maté pudiendo, pues le tiene Dios dormido; entra, Zaqueo, por él.
Zaqueo	Eso no está muy bien dicho, ni en su lugar, si los tres a ser piadosos venimos, ¿cómo envías por el agua a su mayor enemigo? Que la hará dos mil afrentas, permitiendo, vengativo, que ande mientras viva en cueros, con los pasos mal medidos.
David	Acaba.
Zaqueo	Vaya en mi ayuda el que crió a los judíos.

(Vanse.)

Abisaí	Pues, David, si nos volvemos antes de ser conocidos, ¿cómo sabrán que eres tú quien pudo en letargo frío dar la muerte al rey?
David	Verás, que me descubro y me libro.

(Saca Zaqueo un barril pequeño.)

Zaqueo   Calla, válate el diablo,
¿quieres que seamos sentidos?

David   ¿Por qué no vienes callando?

Zaqueo   Ese pleito no es conmigo;
viene cantando una rana
en el barril, y el ruido
nos puede echar a perder.

David   Tus miedos te lo habrán dicho:
porque aunque en él estuviera,
es tan breve y corto el sitio,
que por ser tan poca el agua,
no cantará.

Zaqueo   Pues yo he visto
no a una rana, sino a muchas,
cantar en medio cuartillo.

David   Subamos al monte ahora.

Zaqueo   Por ser tan breve el camino,
iré, si me das licencia,
al Carmelo.

David   Este servicio
te premiará tu cuidado.
Di a Abigail que a los limpios
albores del Sol iré
(pues son decretos divinos)
a ser dichoso en sus ojos.

Zaqueo	La moza lo ha merecido porque cuando no tuviera más dulce y sabroso hechizo, que ser liberal, bastaba para casarla conmigo.

(Vanse.)

(Suben al monte David y Abisaí.)

David	¡Ah, soldados! los que al rey guardáis, ¿cómo en el peligro dais al descuido el valor, sabiendo que hay enemigos?

(Sale Abner.)

Abner	¿Quién da voces en el monte?

David	Si eres de los que han tenido cuidado de la persona del rey, en verdad te digo que mereces graves penas.

(Sale Saúl.)

Saúl	¿Quién turba el silencio frío con vanos acentos, cuando descansa el rey?

David	El mismo que pudo matarle dentro de su tienda.

Saúl	¡O es el oído
	quien se engaña ¡cielos! o esta
	es voz de David! Amigo,
	que me avisas tan piadoso,
	¿eres David?

David	Siervo indigno
	soy tuyo: yo soy David,
	invicto rey, y te aviso,
	del peligro en que has estado,
	como fuera tu enemigo
	quien te halló durmiendo y solo;
	y serán fieles testigos
	tu lanza y barril del agua,
	que por fe de tu peligro
	tomé de tu misma tienda.

Saúl	¡En qué entrañas han cabido
	tantas piedades!, David,
	ya te doy nombre de hijo,
	pues me aguardas, cuando yo
	tan severo te persigo:
	baja a mis brazos.

David	Los cielos,
	en quien mis defensas libro,
	no quieren que yo me fíe
	de tu voz, cuando ya he visto
	experiencias de tu enojo.

| Saúl | Con lealtades me has vencido; |
| | baja, David. |

David   Mis temores
lo estorban.

Saúl   Yo soy tu amigo.

David   Tu corazón y tu voz
son contrapuestos distintos.

Saúl   ¿No soy tu rey?

David   Sí, señor.

Saúl   Pues obedece.

David   ¿Es delito
la obediencia, cuando el Cielo
me enseña en ella el peligro?

Saúl   ¿Pues qué intentas?

David   Huir la muerte,
desterrado y peregrino.

Saúl   ¿No es mejor que yo te ampare?

David   Mi guarda a los montes fío.

Saúl   ¿Por qué?

David   Porque son más firmes.

Saúl   Solo tu bien solicito.

David   Queda en paz, señor.

Saúl	Espera.
David	Valedme, peñascos fríos:
	iah, Saúl, guárdete el Cielo
	de tus fieros enemigos!
Saúl	¡Ah, David! Tú reinarás;
	que así el Profeta lo dijo.

(Vanse.)

(Salen el Vejete y Zaqueo, cada uno por su parte.)

Zaqueo	Esté en buen hora el Vejete.
Vejete	Y vos vengáis en mal hora.
Zaqueo	Esa es intención traidora,
	que está llamando un cachete;
	mas por no desbaratar
	esa estatua hecha de olvidos,
	de los años carcomidos,
	que en ti han venido a parar,
	lo dejaré.
Vejete	Quien me ultraja
	con voz de tan viejo, miente.
Zaqueo	Como conserva la gente
	los nísperos entre paja,
	así, por tener seguros
	los siglos pasados, vi
	que los guarda el tiempo en ti,

donde los tiene maduros.
  Tu señora ya estará,
de lo serrano olvidada,
con galas de desposada.

Vejete
¡Y que el Sol la envidiará!,
  que su hermosura le ciega.
Siendo de David mujer:
galas de corte han de ser.

Zaqueo
Mas ya sale y David llega.

(Sale David por una parte y Abigail por otra.)

David
  Quiere el gran Dios de Israel
que te elija por esposa,
y yo esta unión venturosa
hoy la debo a ti y a él.
Y haciendo con pecho fiel
una cuerda distinción,
acudo en esta ocasión,
entre amor y reverencia,
al Cielo con la obediencia,
y a ti con la estimación.
  Viviendo, mísero y necio,
Naval no me socorrió,
y muriendo, en ti me dio
la prenda de mayor precio.
Trocó en favor el desprecio,
porque ocasionó en Naval
la muerte mudanza igual
que su avaro proceder;
solo dejando de ser,
pudiera ser liberal;

                      mas ya que a esa dicha llego,
                      darme tu mano es razón.

Abigail   Con ella la posesión
                      del albedrío te entrego.

(Tocan un clarín y caja.)

David   Turbó un clarín mi sosiego.

Abigail   Si Saúl te sigue airado...

David   Jonatás de este cuidado
                      nos sacará, pues ligero,
                      como ve que ya le espero,
                      en un caballo ha llegado.

(Tocan, y sale Jonatás a caballo.)

Jonatás   Si con fe de tantos días,
                      tu amor, David, merecí,
                      suspende ahora por mí
                      las festivas alegrías.
                      mi padre y yo... ¡ay penas mías!

David   ¿Volvéis a matarme?

Jonatás   No,
                      que mi pesar no llegó
                      a ser de tanto desvelo;
                      defienda tu vida el Cielo,
                      y muera mil veces yo.
                         Ocupan los filisteos
                      los montes de Gelboé,

y Saúl, que siempre fue
ambicioso de trofeos,
marcha con pocos hebreos
en su busca, y su osadía
le sigue, que es deuda mía,
cuando una trágica muerte
a él y a mí nos advierte
de Samuel la profecía.
  Yo, viendo breves los plazos,
antes que con noble fe
la vida al peligro dé,
vengo a darme a ti los brazos
y si quedo hecho pedazos
entre el polvo y el tropel,
como soy tu amigo fiel,
al sacarme el corazón
huirá el bárbaro escuadrón,
porque tú estarás en él.

David   Pues con oírte me aliento
           a seguirte: esto ha de ser.

Abigail   Pues mi amor ¿no ha de poder
           vencerte?

Jonatás   Muda de intento.

Abigail   Tu ausencia temo.

Jonatás   Y yo siento
           tu riesgo.

David   ¡Ah, si mi atención
           pudiera en esta ocasión

en los dos con fiel empleo,
ya que divide el deseo,
partir la demostración!

Jonatás
    Dios, que a los demás te excede,
que no te arriesgues querrá.

David
Pues solo me detendrá
pensar que mi intento puede
ofender a Dios; mas quede
a solas con él mi fe
por si alcanzo que me dé
algún aviso.

Jonatás
      Tu celo
te obligue.

Abigail
    Propicio el Cielo
a tus aciertos esté.

Jonatás
   Y porque a mi padre sigo,
amigo, adiós, que ya espero
que este lance sea el postrero.

David
Iré yo a morir contigo,
si el Cielo lo quiere, amigo.

(Cajas.)

Jonatás
Ya marchan.

David
    ¡Alma, llorad!

Jonatás
  Adiós.

David	De tu verde edad se duela.
Jonatás	¡Aquí es el valor!
David	¡Qué tristeza!
Jonatás	¡Qué dolor!
Abigail	¡Y qué ejemplo de amistad!

(Vanse, y queda David solo de rodillas.)

David	Señor, de la indignación
	de Saúl no me aseguro;
	que no hay buril contra el duro
	bronce de su obstinación.
	    Y entre los daños impíos
	que temo, me aflige más
	el riesgo de Jonatás,
	que no los trabajos míos.
	    Guiadme porque le defienda,
	si conviene, en trance igual,
	y esa antorcha celestial
	salga a enseñarme la senda.
	    Aunque es humilde y pequeño
	mi ruego, habréle escuchado
	el Cielo, pues ha tomado
	ya por intérprete el sueño.

(Recuéstase a dormir, y aparecen dos ángeles en lo alto, que van bajando, cantando estas coplas, hasta abajo, donde está un altar que, cubierto con una nube, tiene una imagen de Nuestra Señora y del Niño Jesús debajo de ella, y en llegando al altar sube todo arriba, quedando David por tronco del árbol, de donde van subiendo los ángeles y el altar hasta lo alto.)

Ángel I
David, prevénte a las dichas,
pues con repetidas glorias,
forma de felicidades
desde hoy tus trabajos toman.

Ángel II
Que te reserves del riesgo
quiere Dios, ya que te nombra
por basa fundamental
de fábricas misteriosas.

Ángel I
Serás el fértil terreno
que brote en distinta copia
flores bellas, con que el cielo
un ramillete componga.

Ángel II
María, pura azucena,
abrirá cándidas hojas;
y Jesús, clavel divino,
teñido en su sangre propia.

Los dos
Y la tierra, con voz de aplauso heroica,
y el cielo a un mismo tiempo
con música sonora,
den el cetro a David. y a Dios la gloria.

(Cúbrese con música y levántese David.)

David
Lo que a mis padres Jacob
y Abraham, con prodigiosas
señales distes a entender,
segunda vez me lo informas:

(Cajas.)   señor, tu grandeza alabo;
                            pero ya las cajas roncas,
                            aunque lejos, dan aviso,
                            de que se embisten las tropas.
                            Dios manda que no me arriesgue,
                            y así es fuerza que no rompa
                            sus preceptos, aunque veo
                            que esta obediencia es costosa,
                            pues no ayudo a Jonatás.
                            Pero mucho más me importa
                            guardar el orden del Cielo:
                            voy a juntar, aunque es poca,
                            mi gente, y ya que no puedo
                            ir a entrar en la remota
                            batalla, estaré a la mira,
                            por si la ley rigurosa
                            que contra Israel pronuncia,
                            piadoso Dios la deroga.

(Arma.)

(Vase, y vuelven a tocar, y sale Abner con la espada desnuda.)

Abner   Ya los filisteos vencen,
                            y con miserable rota
                            el pueblo de Dios padece
                            crueldades que el rigor forma.
                            Cayó el rey del carro, y como
                            sangriento espín de copiosas
                            flechas cubierto, sañudo
                            se revuelve entre las tropas.
                            Subiré a la cumbre, adonde
                            él y Jonatás ahora
                            llegan; que el morir con ellos

en mí es deuda, y no lisonja.

(Éntrase Abner, y tocan, y bajan despeñándose hasta el tablado Saúl y Jonatás, con flechas en las rodelas sangrientas.)

Saúl

    Filisteos, ya os vengasteis
    de Saúl.

Jonatás

    ¡Qué bien se logran,
    Samuel santo, tus avisos!

Saúl

    ¡Ah, David, veráste ahora
    seguro de tu peligro!
    ¡Que sus piedades esconda
    Dios para el rey de Israel!
    ¿Dónde sus misericordias
    están? Mas pues me las niega,
    con voces que el aire rompan,
    quiero quejarme del Cielo.

Jonatás

    ¿Quién es el que al Cielo enoja?

Saúl

    ¡Hijo!

Jonatás

        Señor.

Saúl

        ¡Otra pena!
    ¡El divino brazo toma
    también en ti la venganza!
    Si el delito no te toca,
    ¿cómo te ha comprendido
    a ti la ley rigorosa?

Jonatás

    Justo es el Juez, y será

culparle imprudencia loca.

Saúl

Porque en las últimas ansias,
que por puntos nos congojan,
los dos acabemos juntos,
aunque mortales lo estorban
las heridas, uno a otro
nos acerquemos.

Jonatás

Ahora
llegaré arrastrando a darte
los brazos.

Saúl

Los míos toma;
aunque es el dolor de verte
la flecha más venenosa,
que ha llegado a concluir
lo que empezaron las otras:
Jonatás, yo muero.

Jonatás

Y yo
entre mortales congojas
de ti me aparto.

(Vase cayendo.)

Saúl

Detén
sentencia tan rigorosa,
muerte, pues poco te cuesta,
dilata mi vida un hora,
hasta que mate a David.
No le permitas la gloria
de que viva, pues yo muero;
¿no quieres? Pues poco importa;

que en sabiendo que yo he muerto,
le ha de matar mi memoria.

(Dentro soldados.)

Soldado I   ¡Ea, soldados, huyamos
                   todos al Cedrón!

Soldado II   ¡Victoria!

(Entra cayendo Saúl, y salen todos.)

David   A ese que me trae alegre
                   el aviso de que rotas
                   las escuadras de Israel
                   quedaban, y la persona
                   de Saúl luchando ya
                   con la muerte y la congoja,
                   cuelguen de un tronco.

Zaqueo   ¿Así premias
                   el venir con presurosa
                   diligencia, y darte nuevas,
                   creyendo hacerte lisonja,
                   del peligro en que se halla
                   tu enemigo?

David   Más me enoja
                   que me sirve: ejecutad
                   el castigo.

Zaqueo   Ya le ahorcan:
                   mensajero sois, amigo,
                   mas con albricias de soga.

David	Las desdichas de su rey
	las juzga David por propias.

(Sale Abner.)

Abner	Librarme ha querido el cielo,
	porque puesto a tus heroicas
	plantas, del triste suceso
	te informe.

David	Ya llega ociosa
	tu noticia: ¿murió el rey?

Abner	Y con él, en edad corta,
	Jonatás, tu grande amigo.

David	Eso entristece mis glorias:
	montañas de Gelboé,
	que de aquesta lastimosa
	tragedia fuisteis teatro,
	jamás caiga en vuestras rocas,
	m la lluvia de las nubes,
	m el rocío de la aurora.

Abner	Con los despojos huyeron
	los filisteos, y todas
	las reliquias de las tribus
	que quedaron, se conforman
	en marchar hacia el Cedrón,
	donde con aplauso y pompa
	te están, David, aguardando
	para darte la corona.

Abisaí   Ya que su palabra cumple
            Dios, es bien te dispongas
            a obedecerle.

David   Marchemos.
            al Cedrón.

Abisaí   Hoy te coronan
            tus méritos.

Todos   ¡David viva,
            rey de Judá!

David   Y aquí ponga
            fin a las persecuciones
            de David su heroica historia,
            y solicite el perdón
            el asunto de sus glorias.

            Fin de la comedia

Libros a la carta

A la carta es un servicio especializado para
empresas,
librerías,
bibliotecas,
editoriales
y centros de enseñanza;
y permite confeccionar libros que, por su formato y concepción, sirven a los propósitos más específicos de estas instituciones.

Las empresas nos encargan ediciones personalizadas para marketing editorial o para regalos institucionales. Y los interesados solicitan, a título personal, ediciones antiguas, o no disponibles en el mercado; y las acompañan con notas y comentarios críticos.

Las ediciones tienen como apoyo un libro de estilo con todo tipo de referencias sobre los criterios de tratamiento tipográfico aplicados a nuestros libros que puede ser consultado en Linkgua-ediciones.com.

Linkgua edita por encargo diferentes versiones de una misma obra con distintos tratamientos ortotipográficos (actualizaciones de carácter divulgativo de un clásico, o versiones estrictamente fieles a la edición original de referencia).

Este servicio de ediciones a la carta le permitirá, si usted se dedica a la enseñanza, tener una forma de hacer pública su interpretación de un texto y, sobre una versión digitalizada «base», usted podrá introducir interpretaciones del texto fuente. Es un tópico que los profesores denuncien en clase los desmanes de una edición, o vayan comentando errores de interpretación de un texto y esta es una solución útil a esa necesidad del mundo académico.

Asimismo publicamos de manera sistemática, en un mismo catálogo, tesis doctorales y actas de congresos académicos, que son distribuidas a través de nuestra Web.

El servicio de «libros a la carta» funciona de dos formas.

1. Tenemos un fondo de libros digitalizados que usted puede personalizar en tiradas de al menos cinco ejemplares. Estas personalizaciones pueden ser de todo tipo: añadir notas de clase para uso de un grupo de estu-

117

diantes, introducir logos corporativos para uso con fines de marketing empresarial, etc. etc.

2. Buscamos libros descatalogados de otras editoriales y los reeditamos en tiradas cortas a petición de un cliente.

www.ingramcontent.com/pod-product-compliance
Lightning Source LLC
Chambersburg PA
CBHW031536040426
42445CB00010B/560

9 788498 161700